AF591865

Vente des 23, 24 et 25 Mars 1896

HOTEL DROUOT — SALLE N° 11

A 2 heures précises.

1°

MEUBLES ANCIENS XVIIIe siècle & PREMIER EMPIRE

PENDULES, LUSTRES, BRONZES, OBJETS D'ART

RELIQUES NAPOLÉONIENNES

Porcelaines — Faïences — Miniatures — Objets de vitrine

Provenant en partie du fonds de Mme Veuve M***, Antiquaire à Paris.

2°

COSTUMES CIVILS ET MILITAIRES

ANCIENS ET RECONSTITUÉS

A l'usage de **MM.** les artistes Peintres et Sculpteurs.

1.000 COSTUMES du MOYEN AGE à 1830

Magnifiques habits de cour, coiffures, lingerie, chaussures, accessoires.

Livrées, costumes ecclésiastiques, étrangers, Comédie Italienne.

UNIFORMES MILITAIRES FRANÇAIS

DU PREMIER EMPIRE ET DE LA RESTAURATION

Coiffures, Tambours, Plaques de cuivrerie, Équipement.

DRAPEAUX HISTORIQUES — ÉTOFFES ANCIENNES

BELLES ARMES DU XVIe AU XVIIIe SIÈCLE — LIVRES A FIGURES

Estampes, Dessins, Gravures, Médailles, Cachets.

Composant les Collections de feu Gustave MORIN

COSTUMIER, CI-DEVANT RUE BÉRANGER

COMMISSAIRE-PRISEUR :

Me H. SANONER

27, rue de Châteaudun

PARIS

EXPERT :

M. G. COURTOIS

72, rue d'Auteuil

PARIS

EXPOSITION PUBLIQUE

Le Dimanche 22 Mars 1896, de 2 heures à 6 heures.

IMPRIMERIE CHAIX, RUE BERGÈRE, 20, PARIS. — 427-2-96. — (Encre Lorilleux).

ORDRE DES VACATIONS

Le Lundi, 23. — Faïences, porcelaines, cristaux, étains, 97 à 280; commencement des costumes civils historiques, 591 à 1145; armes, cuirasses, 1315 à 1439.

Le Mardi, 24. — Livres, gravures, estampes, dessins, tableaux, 1 à 96; partie des divers, objets de vitrine et de curiosité, 299 à 510; fin des costumes civils et historiques, 591 à 1145; livrées, costumes ecclésiastiques, étrangers et fantaisie, 1146 à 1168; chaussures, coiffures, 1169 à 1209;

Le Mercredi, 25. — Étoffes, 281 à 298; fin des divers, objets de vitrine et de curiosités, 511 à 590; drapeaux, 1210 à 1220; costumes militaires, coiffures, sabretaches, accessoires, 1221 à 1314; plaques cuivrerie, cachets, médailles, 1440 à 1483; pendules, lustres, appliques, 1484 à 1507; bronzes, objets d'art, 1508 à 1534; meubles, 1535 à 1571.

CONDITIONS DE LA VENTE.

Elle sera faite **au comptant.**

Les acquéreurs paieront cinq pour cent en plus des enchères.

L'exposition mettant le public à même de se rendre compte des objets, il ne sera admis aucune réclamation une fois l'adjudication prononcée.

L'ordre numérique ne sera pas suivi.

M. Courtois se charge des commissions.

DÉSIGNATION

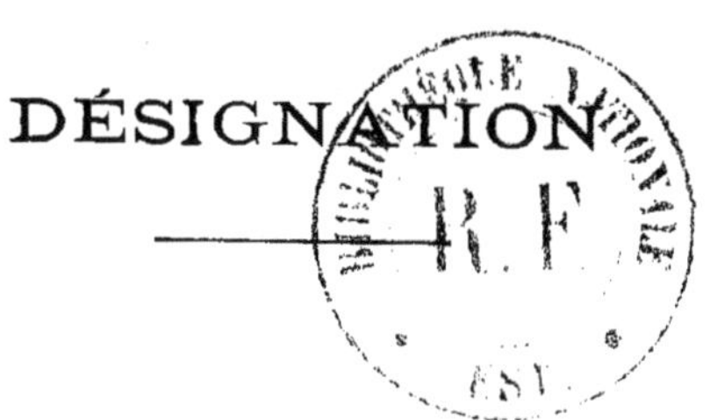

LIVRES, GRAVURES, ESTAMPES, DESSINS, TABLEAUX

1. — Dictionnaire de la Fable. — Paris, chez Le Normant, an XIII, 2 volumes.

2. — **Le Charivari**, de mai à juillet 1847. — De juillet à décembre 1848. — L'année 1849.

3. — **Livre des Prier ayant appartenu** *(dit une inscription)* à **Madame Élisabeth de France,** donné à l'un de ses gardiens au Temple à Paris. Manuscrit en cinq encres, lettres ornées, pages bordurées, nombreux dessins, culs-de-lampes. etc.

4. — **Histoire de la chaussure**, depuis l'antiquité la plus reculée jusqu'à nos jours, suivie de l'histoire sérieuse et drôlatique des cordonniers et des artisans, par Paul Lacroix (bibliophile Jacob) et Alp. Duchesne; édition enrichie de 250 gravures sur bois et de 2 atlas contenant l'armorial des cordonniers et des artisans, formant 48 planches contenant 432 blasons en noir couleur et or, par Ferdinand Seré. — Paris A. Delahaye, 1862, 1 volume.

5. — **Masques et bouffons**. Comédie italienne, texte et dessins par Maurice Sand, gravures par A. Manceau, préface par George Sand. — Paris, chez Lévy, 1862, 2 vol.

6. — **Costumes du moyen âge** d'après les manuscrits, les peintures et les monuments contemporains, précédé d'une dissertation sur les mœurs et les usages de cette époque. — Bruxelles, librairie historique 1847, 2 volumes, 136 pages coloriées.

7. — Mémoires de Mlle de Montpensier, tome III, du cabinet de l'Empereur et roi. Cachet, reliure aux armes.

8. — **Costumes historiques des XIIe, XIIIe, XIVe, XVe, XVIe, XVIIe et XVIIIe siècles**, déssinés et gravés par **Paul Mercuri et Chevignard**, A. Didier, L. Flameng, F. Laguillermie, etc. ; texte par C. Bonnard et G. Duplessis; introduction par M. Ch. Blanc. — Paris, A. Lévy fils, 1860 et 1867, 5 volumes ornés de 350 planches coloriées.

9. — Dictionnaire national, par Bescherelle, 4 volumes.

10. — Nouveaux tableaux de Paris. — 1 volume, 52 planches, par Marlet.

11. — Histoire de Paris, rue par rue, maison par maison, par Lafeuve. — Paris, C. Reinwald et Cie, 1875, 5 volumes.

12. — Les Fêtes nationales à Paris, par L. Drumont. — Paris, Baschet 1879, 1 volume.

13. — Tableaux du Vieux et Nouveau Testament où sont représentés en 150 figures les histoires les plus remarquables gravées par les plus habiles maîtres, où l'on a joint une explication écrite en anglais et traduite en français. — Amsterdam, chez Renier, 1 volume.

14. — Histoire des inaugurations des rois, empereurs et autres souverains de l'univers depuis leur origine jusqu'à présent. — Paris, chez Moutard, 1776, 1 volume.

15. — Un autre.

16. — Costumes français depuis Clovis jusqu'à nos jours. — A Paris, Mifliez, 1835, 3 volumes.

17. — Courtois (E. B.) Papiers trouvés chez Robespierre. — Paris, chez Maret an III. 1 volume.

18. — Courtois (Ch.). L'opinion du parterre. — A Paris, chez Martinet, an XI, 1 volume.

19. — Ananga-Rauga. Traité hindou de l'amour conjugal rédigé en sanscrit par l'Archi-Poète Kalyana Malla (XVIe siècle), traduit par Isidore Liseux. — Paris, Liseux, 1886, 1 volume.

20. — Beautés historiques, chronologiques, politiques et critiques de la Ville de Paris, depuis le commencement de la monarchie jusqu'au 1er novembre 1821 ; ouvrage

orné d'un très beau plan de Paris gravé par Tardieu, avec les principaux monuments, et de quatorze vignettes représentant les costumes des Français aux diverses époques. — Paris, chez Eymery, 1822, 2 volumes.

21. — Les Amours de Napoléon III, par l'auteur de la Femme de César. — Londres, 1863, 1 volume.

22. — **Vecellio**. Costumes anciens et modernes, par Amb.-Firmin Didot. — Paris, 1859, 2 volumes.

23. — Les crimes de Robespierre. — A Paris, chez Desessarts, an X, 1 volume.

24. — Les Contemporaines ou Aventures des plus jolies femmes de l'âge présent, publiées par Thimothée Joly, de Lyon, imprimées à Leipsick, par Buschel, 1781. — 1 volume, avec gravures.

25. — Tableaux non catalogués.

26. — Mémoires d'une honnête femme, écrits par elle-même et, publiés par de Chévrier, à Amsterdam, chez Coustapel, 1763. — 1 volume.

27. — **Costumes des représentants du peuple français pendant la Révolution**, brochure contenant 20 planches coloriées, texte en italien, 1796.

28. — Livres non catalogués.

29. — Mémoires sur l'impératrice Joséphine, par Georgette Ducrest, illustré par Janet-Lange. — Paris, chez Barbe, 1 volume.

30. — **Histoire de Napoléon,** par de Norvins, vignettes par Raffet. — Paris, Furne, 1839, 1 volume.

31. — Un autre.

32. — Un autre, 1844, 2 vol.

33. — Un autre.

34. — **En Campagne**, par Meissonnier, Detaille, etc., texte de J. Richard. — Paris, Boussod Valadon et Cie, 1 volume.

35. — **Le Mémorial de Sainte-Hélène**, par le comte de Las Cases, suivi de Napoléon dans l'exil, par O'Méara. — Paris, Lequiers et Soulé, 1835, 2 volumes.

36. — **Galerie des maréchaux de France**, par Gavard, Bruxelles, J.-B. Petit, 1841. — Ouvrage en 1 volume, orné de 42 portraits en pied, accompagnés des états de services.

37. — **France militaire.** Histoire des armées françaises de terre et de mer, de 1792 à 1833, par A. Hugo, à Paris, chez Delloye, 1833.— 5 volumes renfermant : 61 cartes, 264 plans de batailles et sièges, 56 traits particuliers, 94 uniformes français, 94 uniformes étrangers, 54 costumes divers, 296 villes et monuments, 20 variétés, 228 portraits français, 70 étrangers, 70 scènes et sujets militaires.

38. — **Histoire de l'empereur Napoléon**, par Laurent de l'Ardèche, illustré par Horace Vernet.— Paris, Dubochet et Cie, 1840.

39. — Un autre, 1839.

40. — **Galerie historique de la Révolution française** (1787-1799), par Albert Maurin, 5 volumes.

41. — Le Boursier de l'Empereur, document sur la vie intime de Napoléon Ier, par Chailly, ancien marin de l'État. 1 br. Paris, 1857, signée de l'auteur.

42. — **Martinet.** Album contenant environ 90 planches coloriées, sujets militaires du Premier Empire.

43. — Livres non catalogués.

44. — Adieux de cavalerie. Premier Empire.

45. — **Benedict Masson.** Toile, esquisse.

46. — **Cabanel.** Deux croquis coloriés sous verre.

47. — **Quatorzième expérience aérostatique** de M. Blanchard, accompagné du chevalier Lepinard, faite à Lille en Flandre, le 26 août 1785, et entrée de M. Blanchard et du chevalier Lepinard cinq jours après leur ascension. Deux gravures par Herman, d'après Watteau, plus la **carte du voyage aérien** gravée et coloriée, dédiée à Mme la princesse de Robecq. Trois pièces encadrées Louis XVI.

48. — Dévouement du bourgmestre van der Werf. Gravure encadrée.

49. — Sortie de mosquée. Aquarelle encadrée signée **Chlebouzki.**

50. — **Curieuse peinture** ancienne chinoise, chasse aux animaux féroces. Signée.

51. — Entrée des Français à Moscou. — Bataille de la Moskowa, Deux gravures encadrées.

52. — Départ pour la chasse. Tableau de **Betting**, signé.

53. — Lot considérable de calendriers en feuilles, illustrés, du Premier au Second Empire,

54. — Cortège historique de moyens de transport, dessins et aquarelles de Henis. Bruxelles, 1885.

55. — Plusieurs gravures et estampes encadrées et en feuilles.

56. — **Les Femmes célèbres** de l'ancienne France. Paris, Arnaud de Vresse, 75 planches par Lauté et Gatine.

57. — Lot de papier à tenture. Premier Empire à 1830.

58. — Lot d'anciennes affiches illustrées.

59. — Quantité de gravures et estampes en feuilles à vendre par lots.

60. — **Cortazzo**. — Dessin colorié, signé, genre Watteau.

61. — **Hugues Merle**. — Dessin colorié, signé. Femme Renaissance.

62. — **Daumier**. — Dessin à la plume, encadré.

63. — **C. Vernet** — Les Incroyables, gravure coloriée, encadrée.

64 — Passage du Pont-Neuf sous Louis XIII.

65. — Gravures non cataloguées.

66. — Neuf dessins noirs et coloriés signés **Charlet**.

67. — Un autre, signé **Philippon**.

68. — Quatre autres, signés **Vernier**.

69. — Cinq autres, signés **Bellangé**.

70. — Quatres autres, signés **Raffet**.

71. — **Affiche** réglementant l'uniforme de la garde nationale de Lyon.

72. — **Avis** pour la fourniture de schakots ou bonnets de hussards, en feutre, et de casques pour l'armée française. —Milan, 2 thermidor, an V. In-folio en deux langues.

73. -- **Brevet** de la garde nationale parisienne pour J. Toussaint, de Falaise. Joli et rare encadrement de trophées, 27 sur 27. 26 septembre 1789.

En haut, les armes du Roi et de la Ville surmontées d'une couronne de chêne entre lesquelles est passé un sabre coiffé du bonnet phrygien.

74. — **Trois Congés**, 1714 et an IX, curieuses vignettes et cachets.

75. — **Plusieurs décrets** et arrêts concernant l'organisation militaire.

76. — **Mandat** du département du Loiret de payer 258 francs pour 58 chapeaux, an VII. — Procuration de Eberhardt Kocklin, de Bâle, pour se faire payer 240.000 livres d'habillements militaires. — Aperçu du prix et de la qualité des cuirs pour chaussures. — Avis de la commission sur les étoffes, an II. 5 pièces, 7 pages in-4°.

77. — Factures, quittances d'objets fournis à M. d'Orsay lors de son départ pour la Louisiane, an XI.

78. — **Correspondances**, reconnaissances, copies de factures relatives à des fournitures de diverses étoffes pour l'habillement des 9e, 28e, 36e et 86e d'infanterie de ligne et 1er régiment d'artillerie de marine, 1809.

79. — Engagement du citoyen Boisson pour la fabrication des garnitures de fourreaux en cuivre pour les élèves de l'école de Mars. Décharges pour les sergents-major des grenadiers et des chasseurs du Pont-Neuf pour la livraison à eux faite de drap nécessaire à la confection des habits aux citoyens grenadiers et chasseurs, an III. — Autre reçu de la section du Pont-Neuf prenant possession de différents draps, 4 p.

80. — 82 cahiers d'enseignement illustrés. Uniformes français et étrangers.

81. — Imagerie militaire ancienne et moderne.

82. — Lot de gravures.

83. — **Dessin** panégyrique **de Napoléon Ier** fait à la plume, noir et or, par Ant. de la Croix. Courtrai, 1820. Sous verre, cadre or.

84. — Trois dessins sous verre attribués à **Worms.**

85. — Estampes non catalogués.

86. — Plusieurs tableaux de différents genres.

87. — **Le Souper.** Gravure en couleur encadrée. Louis XV.

88. — Deux panneaux, amours jouant, genre Boucher.

89. — Une toile, même genre.

90. — Entrée d'Henry IV à Paris, plaque porcelaine.

91. — **Delort.** — Seigneur Louis XIII, croquis colorié, encadré.

92. — Dessins non catalogués.

93. — **Betti.** — Portrait de femme espagnole, signé.

94. — Portrait de femme Louis XV, pastel.

95. — Le château de Beauregard, peinture sur velours.

96. — **Salon de 1880**, bel exemplaire relié rouge, avec palette d'or à cinq couleurs, comprenant 34 pl. en photogravure par Goupil, 64 dessins hors texte et 50 motifs variés (rare) Baschet, Paris 1880.

FAIENCES, PORCELAINES, CRISTAUX, ÉTAINS

97 à 116. — Vingt paires de vases en toutes grandeurs, porcelaine décorée et dorée, fleurs, personnages, sujets champêtres et historiques. Premier Empire.

117 à 130. — Quatorze vases analogues. Premier Empire.

131 à 138. — Huit encriers à sujets, porcelaine blanche.

139 à 156. — Dix-huit tasses et soucoupes, porcelaine décorée. Premier Empire.

157. — Six pots à crème, porcelaine. Premier Empire.

158. — Pot à crème, tasse et soucoupe, porcelaine fond noir rehaussée or.

159. — Soupière ovale, porcelaine décorée fleurs et fruits, avec un couvercle bouton formant poire.

160. — Plateau cabaret crème, porcelaine décorée.

161 à 178. — Dix-huit pièces porcelaine blanche et or, bols, saladiers, pots à eau, à crème, théières, veilleuse, etc.

179 à 183. — Cinq corbeilles rondes et ovales, porcelaine blanche et décorée.

184 à 187. — Quatre jardinières et cache-pot.

188. — Fort lot de sucriers, vases, cuvettes, brocs, etc., porcelaine décorée. Premier Empire.

189. — Huit assiettes et un plat porcelaine de Sèvres.

190. — **Six assiettes** en porcelaine, bord filet or, au fond chaque assiette représente en camaïeu noir un costume de femme en pied vue de face et de dos, 1830. Très **intéressantes pour le costume.**

191. — Jardinière en vieux Japon.

192. — Deux carafes hollandaises, en verre gravé.

193. — Cave à liqueur. Empire

194. — Trois verres à attributs militaires.

195. — Faïences non cataloguées.

196. — **Beau plat rond encadré faïence italienne.**
... Tullia trouvant le cadavre de son père assassiné par son époux, petit-fils de Tarquin, fait passer son char sur ce corps sanglant.

197. — Un autre. Combat de Romains.

198. — **Deux vases Médicis** avec personnages en relief.

199. — Deux potiches avec plateau, fleurs polychromes.

200. — Deux vases chinois, dessin en relief rehaussé d'or.

201. — Potiche bleu de Sèvres, têtes de lion en relief.

202. — **Ancien plat vénitien.** Jupiter sur un char assemblant les nuages.

203. — Grand vase monté sur pied en bois noir.

204. — Soupière ovale, en faïence, avec son couvercle.

205. — Deux saladiers en faïence, décor polychrome.

206. — Deux statuettes femme porte-épices, faïence.

207. — **Mennecy.** — Saucière en faïence, décor polychrome.

208. — Plusieurs plats ronds et ovales, fabrication française.

209. — Dix assiettes faïence illustrées. Les fables de La Fontaine.

210. — Sept autres. Rues de Paris.

211. — Six carreaux en faïence.

212. — Six assiettes en étain.

213. — Cafetière en étain, XVIIIe siècle.

214. — Saucière en étain, XVIIIe siècle.

215. — Deux vases en faïence, chiffres et filets or. Premier Empire.

216. — **Sinceny.** — Assiette au carquois.

217. — **Picardie.** — Assiette faïence, arbre de la liberté; la liberté ou la mort.

218. — Deux statuettes en biscuit.

219. — **Riche tête à tête** en porcelaine bleu de Sèvres dit Dubarry, six pièces en écrin.

220. — **Delft.** — Plat rond en faïence camaïeu bleu : scène champêtre, armorié.

221. — Plaque en camaïeu bleu, sujet Lancret.

222. — Porcelaines non cataloguées.

223. — **Strasbourg.** — Assiette faïence fleurs polychromes, bonnet phrygien.

224. — **Marseille.** — Assiette faïence, contour dentelé, marly à fleurs rehaussées d'or ; au centre, cavalier faisant boire son cheval.

225. — **Nevers.** — Saladier en faïence camaïeu bleu. Vendangeurs se rendant au pressoir.

226. — Assiette en faïence, trophée de drapeaux. Révolution.

227. — Une autre, maçonnique. Révolution.

228. — Une autre, vive la nation, 1791.

229. — Une autre, génie volant. La paix. Révolution.

230. — Une autre, le Tiers nuit. Révolution.

231. — Une autre, génie, canon : « Je garde la nation. » Révolution.

232. — Deux autres, coq et canon : « Je veille pour la nation. » Révolution.

233. — Une autre, canon, trophée, bonnet : à ça ira. Révolution.

234. — Une autre, arbre avec bonnet, liberté 1794. Révolution.

235. — Une autre, drapeau bonnet, vive la nation, 1794.

236. — Une autre, génie dans un arbre. Révolution.

237. — Une autre, génie, tambour, drapeaux. Révolution.

238. — **Gourde en camaïeu bleu**, Adam et Ève avant et après le péché. Jolie et curieuse pièce.

239. — **Onze assiettes** faïence, **sujets militaires** polychromes.

240. — Cuvette et pot faïence, décor fleurs polychromes.

241. — Trois assiettes faïence, décor et personnages polychromes représentant l'Été, l'Hiver, le Printemps ; datées 1806, signées François Goulettes.

242. — Bouteille drageoir en faïence, forme bébé, polychrome.

243 à 257. — Quatorze paires de vases en porcelaine, décor polychrome, rehaussé d'or, sujets variés et militaires. Premier Empire.

258 à 264. — Six vases même genre.

265 à 270. — Six tasses et soucoupes porcelaine, décor riche. Premier Empire.

271. — Quatre soucoupes porcelaine blanche, lettres et filets or. 3e voltigeurs de la garde. Second Empire

272 à 274. — Trois corbeilles ajourées en porcelaine, décor polychrome et or. Premier Empire.

275. — Six assiettes en faïence, campagne d'Afrique.

276. — Dix autres sujets militaires variés en dichrome.

277. — Dix autres ayant trait à la translation des cendres de Napoléon Ier.

278. — Six autres sujets militaires variés.

279. — Plat à barbe en faïence. Le coiffeur du régiment.

280. — Six assiettes faïence polychrome, sujets militaires.

Voir quatre statuettes porcelaine au n° 1534. (Objets d'art).

ÉTOFFES

281. — Bandeau en velours de Gênes à fleurs, XVIIe siècle.

282. — Bande en soie groseille, broderies et application or fin, Renaissance.

283 à 288. — Six chapes et chasubles XVIIe et XVIIIe siècles en damas, soierie et brocatelle.

289-290. — Deux dessus de piano.

291. — **Grande bande** tenture et velours de Gênes rouge uni, orné d'applications en soie verte, jaune, bleu. Longueur 5m,50, hauteur 1m,53, XVIIe siècle.

292. — Plusieurs lots d'étoffes anciennes.

293. — Étoffes non cataloguées.

294. — Panneau en cotonnade violet sur fond blanc avec attributs militaires : *le Départ, la Récompense, le Retour.* 1m,85 sur 88 cent. Premier Empire.

295. — **Panneau en tissus de Lyon**, vieil or à reflets argent 68 cent. sur 93 cent. *Le Départ de la Garde*

nationale en 1814; de la manufacture de Mathevon et Bouvartfrères, de Lyon.

296. — Lambrequin et panneau en toile de Jouy rouge sur fond blanc : à médaillons représentant les Fêtes de la Fédération, la prise de la Bastille, etc. Louis XVI.

297. — Mouchoir en cotonnade imprimée représentant au centre l'accident du duc d'Orléans à Neuilly, encadrement illustré des portraits de la famille et autres scènes.

298. — Étoffes à attributs militaires non cataloguées.

DIVERS — OBJETS DE VITRINE — CURIOSITÉS

299. — Quatorze clefs, XVIe et XVIIe siècles.

300. — Trois sonnettes dont une fleurdelysée.

301. — Deux lampes juives.

302. — Fort lot de bronzes ciselés et dorés, anciens, pour ameublements.

303. — Quantité de boucles anciennes.

304. — Plusieurs intéressants fragments provenant de la vente des ruines des Tuileries.

305. — Sept panonceaux Louis XVI, Empire, Restauration et 1830.

306. — Deux lanternes en fer.

307. — Plusieurs plateaux.

308. — Bijoux divers en stras et autres.

309. — Cuivrerie variée.

310. — Cinq boîtes en laque, marqueterie de paille, etc.

311. — *Phinée enlevant Andromède,* cire du XVIIIe siècle, cadre rond vert d'eau, filet or.

312. — *Le Jugement de Pâris,* autre cire faisant pendant.

313. — *Vieillard à l'agonie.* Cire du XVIIe siècle.

314. — Cols en guipure, sabots en blonde et dentelle, manchettes, fraises, lingerie des XVIe, XVIIe et XVIIIe siècles.

315. — Plusieurs ridicules.

316. — Collection de boutons anciens de tous genres.

317. — **Éventail Louis XVI** représentant en six médaillons : la coeffure de la reine, la coeffure en hérisson, à la colomb, le pouf à la puce, le bonnet à la laitière, la frivolité.

318. — Tabatière en étain aux armes de France et de Navarre, Louis XVI.

319. — Éprouvette en cuir repoussé aux armes de Médicis.

320. — Six émaux, XVIIIe siècle.

321. — Soufflet en bois sculpté, tuyère bronze ciselé et doré.

322. — Deux targes hindou, peintes sur bois; rapportées par M. Le Myre. Exposition de l'Annam en 1889.

323. — Coffre ancien en cuir estampé et doré, clous façonnés.

324. — Une serrure.

325. — Ancien instrument de musique en cuivre.

326. — Deux paires d'éperons.

327. — **Cent cinquante médailles** de toutes époques représentant des antiques, personnages ou scènes historiques.

328 à 363. — **Trente-six pipes** décorées, sculptées en terre, porcelaine, bois, etc., **dont une remarquable**, de l'époque Louis XV.

364 à 413. — **Cinquante miniatures encadrées**, XVIIIe siècle à nos jours, portraits, vues, scènes, etc.

414. — Cadre à cinq ouvertures, médaillons antiques en porcelaine de Wedgwood.

415 à 420. — Six statuettes variées.

431 à 436. — Seize tabatières commencement du siècle.

437 à 457. — Vingt et une boites rondes à sujets, XVIIIe et XIXe siècles.

458 à 463. — Six bourses, carnets, porte-monnaie, Premier Empire.

464. — Trois jumelles, deux longues vues, deux lorgnettes.

465 à 468. — Quatre flacons à sels.

469 à 478. — Dix statuettes variées en porcelaine, biscuit, Saxe, etc.

479. — **Curieux service** à café en cuivre rouge, de fabrication Touaregs, comprenant plateau, six tasses, cafetière, sucrier, pot à tabac, cendrier.

480. — Plusieurs éventails.

481. — Lorgnettes Empire.

482-483. — Deux agrafes d'épées, XVIIIe siècle.

484. — Remarquable baudrier en velours vert, brodé soie, fleurs et paon faisant la roue, XVIIe siècle.

485. — Canne de femme, pommée dorée et ciselée, Louis XVI.

486. — Rivière en stras avec pendeloque, XVIIIe siècle.

487. — **Deux cadres en bois sculpté** 0^m,12 sur 0^m,10 **Louis XIV**, avec miniatures portraits d'homme et de femme même époque.

488. — Baudrier en velours de Gênes, fleurettes vertes sur fond jaune, Louis XIII.

489. — Baromètre bois sculpté doré, XVIIIe siècle.

490. — Tête de mort ivoire.

491. — Miniature dans un **joli cadre en bronze doré et ciselé**, avec chiffre de Marie de Médicis, **Louis XIII.**

492. — **Cadre** en cuivre repoussé doré, fronton orné d'un vase, **Louis XVI.**

493. — Sac en cuir repoussé, Louis XIII.

494. — Boucles en stras, XVIIIe siècle.

495. — Boutons stras, XVIIIe siècle.

496. — Parures en stras, XVIIIe siècle.

497. — Bagues anciennes stras, pierres dures et autres.

498. — Bijoux divers, XXIIIe siècle.

499 à 504. — Six miniatures diverses.

505. — Plusieurs ridicules XVIIIe et XIXe siècles.

506. — Lorgnettes Louis XVI et Premier Empire.

507. — Éventails variés.

508. — Châtelaine et deux cachets argent formant breloque, XVIIIe siècle.

509. — Lot de cadres de toutes époques.

510. — Objets divers non catalogués.

511. — Couronne impériale en bois sculpté.

512. — Couronne royale en fer doré.

513. — Frédéric II, cire du XVIIIe siècle.

514. — Bouton : l'aristocrate à la lanterne, dessin sur vélin. Révolution.

515. — Croix de Saint-Louis, Louis XV.

516. — Jeu de cartes, Révolution.

517. — **Tambour Louis XVI**, caisse bleue aux armes de France.

518. — **Tambour Révolution**, caisse décorée sur fond rouge, avec banderolle et baguettes.

519. — **Tambour Charles X**, caisse fond bleu aux armes de France.

520. — Tonneau de cantinière.

521 à 570. — **Cinquante objets divers sur lesquels Napoléon Ier figure** : médailles en cuivre, bronze, bois durci, fonte, étain, boîtes, statuettes, marqueterie, marbre, miniatures, etc.

571 à 574. — Quatre tabatières et deux boîtes, attributs militaires.

575. — Jolie bourse perles fines, fermoir acier à facettes, représentant d'un côté un officier général salué par un soldat, de l'autre un trophée de drapeaux surmonté du coq gaulois.

576. — Numéro de conscrit (214) 1848.

577. — Partie d'armure en fer, casque morion, devant de cuirasse, Louis XIII, jouet.

578. — Statuette équestre en bois dur, Hussart de la Mort 1793.

579. — Devant de cuirasse, Premier Empire, jouet.

580. — 3m,50 en 7 morceaux. **Galon de tambour de troupe de ligne.** 1812.

581. — Boîte ronde, couvercle, représentant Frédéric II passant une revue, gravure au tour.

582. — Poire à poudre à personnage, Louis XIII.

583. — Une autre en cuir gaufré, XVIe siècle.

584. — Fermoir d'escarcelle, XVe siècle.

585. — Trois cachets breloques, dont un aux armes de la Ville de Paris. Révolution.

586. — Statuette en bois, Alexandre Ier, Premier Empire.

587. — Plaque en plâtre noirci représentant un cuirassier du Premier Empire donnant la main à une fillette, au bas se lit l'inscription suivante : *Millot, brigadier au 8e régiment des cuirassiers de la Grande Armée, signé Dusser. 1842 ;* en travers : *souvenir de M. Dasser.*

588. — Deux plaques en bronze : Patriote en 1793, Grenadier en 1708.

589. — Bague Révolution : Marat et Le Pelletier, martyrs de la Liberté.

590. — Bibelots de vitrerie non catalogués.

COSTUMES CIVILS HISTORIQUES

591. — Robe de doge en damas jaune, **XIIIe siècle.**

592. — Robe de doge en damas groseille, XIIIe siècle.

593. — Robe du Dante en drap garance, XIIIe siècle.

594. — Robe en drap garance, **XIVe siècle.**

595. — Robe en cachemire mauve, manches en velours violet, XIVe siècle.

596. — Robe en damas bleu ciel à fleurs blanches, garnie de velours amadou, XIVe siècle.

597. — Robe en damas soie bleu galonné or, XIVe siècle.

598. — Robe en drap marron, manches velours soufre, XIVe siècle.

599. — Pourpoint vénitien en velours vert, XIVe siècle.

600. — Pourpoint en satin blanc brodé lamé or, XIVe siècle.

601. — Pourpoint en velours noir, vénitien, XIVe siècle.

602. — Pourpoint en velours vert, vénitien, XIVe siècle.

603. — Pourpoint en damas de soie groseille, manches en soie verte, col en velours noir, vénitien, XIVe siècle.

604. — Pourpoint en damas noir, XIVe siècle.

605. — Pourpoint en velours de Gênes, rouge uni, XIVe siècle.

606 à 607. — Deux autres.

608. — Pourpoint en velours rouge, manches de dessous damas jaune et rouge, **XIVe siècle.**

609. — Pourpoint en damas gris à fleurs fond jaune, **XVe siècle.**

610. — Pourpoint en damas soie bleue, manches pendantes, col en velours groseille, xve siècle.

611. — Pourpoint en velours noir, manches de dessus et col en damas jaune, xve siècle.

612 à 615. — Quatre escarcelles et ceintures pour femmes, moyen âge.

616. — Costume d'Hamlet noir et acier, **XVIe siècle.**

617 à 623. — Sept pourpoints de cour et de ville, variés, en drap, velours et soierie, **François Ier.**

624 à 627. — Quatre capes et manteaux, **Renaissance.**

628. — Costume de lansquenet composé de : culotte drap chocolat à bandes tailladées soie jaune ; corsage à manches bouffantes, même travail ; cuirasse tuyautée, tailladée à crevés jaunes, Renaissance.

629. — Costume de lansquenet composé de : culotte en drap bleu et jaune à crevés noirs ; pourpoint à collet dentelé en peau noire, larges manches à bandes bleu et jaune à crevés noirs, Renaissance.

630. — Costume de lansquenet composé de : culotte à bandes en drap garance tailladées à crevés velours prune ; pourpoint, col dentelé en drap garance à tuyaux tailladés velours prune, Renaissance.

631. — Costume de lansquenet composé de : culotte en drap garance tailladée vert ; pourpoint à col créneaux, Renaissance.

632. — Costume de lansquenet composé de : culotte en drap amarante, rayée drap jaune à crevés rose ; pourpoint drap jonquille, tailladé rose, Renaissance.

633. — Costume de lansquenet composé de : culotte en drap garance à bandes tailladées vert à crevés blancs ; cuirasse en drap blanc tailladé vert, manches à bandes garance tailladées vert à crevés blancs, Renaissance.

634. — Cuirasse et culotte de Lansquenet en feutre vert d'eau à bandes tailladées, à crevés soufre. Renaissance.

635. — Robe et corsage en damas soie bleue à crevés blancs. **François Ier.**

636. — Robe en soie blanche, manches à bandes soutachées or, manches de dessous en satin bleu. François Ier.

637. — Robe en velours violet passementé blanc. François Ier.

638. — Robe en soie blanche brochée ornée chenille, manches soie brochée bleue. François Ier.

639. — Cuirasse en cuir naturel, tuyautée, tailladée à crevés velours prune; pourpoint et trousse à bandes, même travail, col roulé. **Henri II.**

640. — Cape en drap garance, col créneaux, soutachée, tailladée et à crevés velours prune. **Charles IX.**

641. — Une autre peluche loutre passementée mauve. Charles IX.

642. — Pourpoint et trousse en satin blanc passementé or. Charles IX.

643. — Pourpoint, trousse et manteau en drap blanc soutaché or, tailladés, crevés jaune. Charles IX.

644. — Pourpoint, culotte et manteau en soie rose passementés blancs à crevés roses. **Henri III.**

645. — Pourpoint à manches pendantes en peluche verte, passementé noir et or, manches de dessous en drap garance tailladé vert, culotte peluche verte. Henri III.

646. — Pourpoint et culotte en velours amadou tailladés jaune, passementés marrons. Henri III.

647. — Pourpoint et culotte en satin plissé cerise rayés et passementés noir et or. Henri III.

648. — Robe et corsage en satin rose, passementés blancs. Henri III.

649. — Pourpoint en peau chamois passementé même ton et or, manches en velours frappé gris rayé gris et or. **Henri IV.**

650. — Pourpoint en damas maïs passementé maïs, manches damas bleu, fleurs blanches passementées maïs. Henri IV.

651. — Pourpoint en velours havane, manches damas vieux rose fleurs jaunes, culotte en velours vieux rose. Henri IV.

652. — Pourpoint en soie bleue passementé blanc, manches satin blanc passementées bleus. Henri IV.

653. — Pourpoint en velours ocre passenté ocre, manches damas bleu fleurs blanches passementées blanc et or. **Henri IV.**

654. — Pourpoint en velours vert bouteille passementé noir, manches en soie jaune rayées ocre. Henri IV.

655. — Pourpoint en velours marron passementé or, manches satin blanc crevés velours marron en application, trousse en soie verte, applications velours noir et or. Henri IV.

656. — Pourpoint et trousse en peau grise passementés maïs, tailladés soie verte. Henri IV.

657. — Pourpoint et trousse en cuir naturel, tailladés et crevés velours prune. Henri IV.

658. — Pourpoint et culotte velours mauve passementés gris, crevés paille. **Louis XIII.**

659. — Pourpoint et culotte en velours grenat. Louis XIII.

660. — Pourpoint et culotte en velours mastic à crevés cerise. Louis XIII.

661. — Pourpoint et culotte en velours olive et gris, passementés noir et or. Louis XIII.

662. — Pourpoint et culotte en velours vieil or, crevés et passementés jaune. Louis XIII.

663. — Pourpoint et culotte en velours noir, manches pendantes. Louis XIII.

664. — Pourpoint en velours groseille à crevés rose, passementé rose et or. Louis XIII.

665. — Pourpoint satin blanc. Louis XIII.

666. — Pourpoint velours gris à crevés cerise, passementé or et noir. Manteau. Louis XIII.

667. — Pourpoint en velours de Gênes rubis uni, passementé grenat. Louis XIII.

668. — Pourpoint en soie grise argent à crevés groseille, galon argent. Louis XIII.

669. — Pourpoint et culotte en drap gris bleu, passementés noir et or. Louis XIII.

670. — Un autre pourpoint semblable.

671. — Pourpoint en peau noire. Culotte drap noir. Louis XIII.

672. — Pourpoint en drap grenat. Louis XIII.

673. — Pourpoint en drap gris. **Louis XIII.**

674. — Pourpoint, culotte et manteau en velours noir, passementés noir. Louis XIII.

675. — Pourpoint en drap gris. Louis XIII.

676. — Buffletin en peau amadou, passementé or. Louis XIII.

677· — Pourpoint en drap blanc, passementé jaune et or. Louis XIII.

678-679. — Deux pourpoints. Louis XIII.

680 à 707. — **Vingt-huit manteaux** Charles IX, Henri III, Henri IV et Louis XIII.

708 à 729. — **Vingt-deux culottes et trousses,** mêmes époques.

730. — Manteau en soie bleue brodé et soutaché or. Louis XIII.

731. — Doublure en soie changeante d'un manteau Henri III.

732. — Robe damas soie bleue fleurs blanches, corsage manches à bandes à crevés satin blanc. Louis XIII.

733. — Robe en velours gris souris, manches à bandes crevés satin jaune. Louis XIII.

734. — Robe en velours gris souris, manches à crevés jaune. Louis XIII.

735. — Robe et corsage satin blanc orné peluche rose. Louis XIII.

736. — Habit, brassière, rhingrave en damas gris, tissé soie, à fleurs or et argent fin, passementés or jaune, rouge et vert, ornés de ruban cerise. **Jeunesse Louis XIV.**

737. — Habit, brassière, rhingrave en damas vieux rose à fleurs jaune, galonné or et groseille, ruban soufre. Jeunesse Louis XIV.

738. — Brassière et rhingrave en moire bleu, brodés lamé or et argent, ruban jaune. Jeunesse Louis XIV.

739. — Brassière et rhingrave en peluche mandarine, ruban paille. Jeunesse Louis XIV.

740. — Habit en velours gris souris, galonné or sur toutes les coutures. Casaque en damas jaune maïs, à fleurs blanches. Jeunesse Louis XIV.

741. — Habit en drap beige, passementé noir et groseille. Casaque et culotte en panne rose, passementés blanc. Louis XIV.

742 — Habit en velours noir passementé or, plis à pans bouillonnés. Gilet en satin noir et or. Louis XIV.

743. — Habit en peluche bleue. **Louis XIV.**

744. — Habit et gilet en drap noir. Louis XIV.

745. — Habit en velours de Gênes à fleurs havane, plis à pans bouillonnés, parements en pagode. **Régence.**

746. — Habit en velours gris. Régence.

747. — Robe Watteau, en damas bleu et blanc. **Louis XV.**

748. — Robe Watteau, en damas rose. Louis XV.

749. — Robe Watteau, en damas bleu, devant à volant. Louis XV.

750. — Robe Watteau, en broché fond blanc, à fleurs de couleurs et or fin. Louis XV.

751. — Robe Watteau, en damas vert tissé fleurs et argent fin. Louis XV.

752. — Robe Watteau, en damas bleu. Louis XV.

753. — Jupe en soie grise, brochée à fleurs. Louis XV.

754. — Jupe en soie changeante, brochée à fleurs. Louis XV.

755. — Jupe en soie rose, brochée à fleurs blanche rayée bleue et vert. Louis XV.

756 à 767 — **Douze habits en drap** brique, vert, lie de vin, gris, amadou, grenat, violet, etc. Louis XV.

768. — Habit en popeline de laine, brique. Louis XV.

769. — Habit et gilet en soie grise rayée à pois. Louis XV.

770. — Habit en soie bleue rayée, brochée, à fleurs couleurs. Louis XV.

771. — Habit en soie grise, brodé soie rose. Culotte et gilet en satin blanc, brodé ton sur ton, Louis XV.

772. — Habit en soie groseille, brodé ton sur ton. Culotte et gilet en satin blanc, brodés chenille. Louis XV.

773. — Habit en moire violette. Louis XV.

774. — Habit et gilet en soie noisette, broché. Louis XV.

775. — Habit en soie havane. Louis XV.

776. — Habit en velours *nakara*. Louis XV.

777. — Habit, gilet et culotte en velours *nakara*, brodés et pailletés or, Louis XV.

778. — Habit en velours de Gênes, bleu ciel, fleurs abricot, plis à pans bouillonnés. Louis XV.

779 à 783. — **Cinq habits en drap** noir, tabac, amarante **Louis XVI.**

784 à 790. — **Sept habits** en popeline, gorge-pigeon, tabac, bleu, rose, aurore, vert céladon. **Louis XVI.**

791 à 793. — Trois habits à collet en drap brique, bleu et groseille. Louis XVI.

794. — Habit à collet en soie changeante verte, rayée bleue, large boutons, même ton, brodés à l'aiguille. **Fin Louis XVI.**

795. — Habit à collet en soie verte, rayures arc-en-ciel, larges boutons en nacre, gravés au chiffre B. Fin Louis XVI.

796. — Habit en velours vert côtelé, rayés à pois bleus. Louis XVI.

797. — Habit en velours vert, rayé noir et blanc. Fin Louis XVI.

798. — Habit en popeline grise, rayée jaune, blanc et bleue. Fin Louis XVI.

799. — Habit à collet et à revers boutonnés, en soie *ventre de puce*, rayée bleu, blanche, jaune et verte. Fin Louis XVI.

800. — Habit à collet, gilet et culotte en velours vert, côtelé à pois. Fin Louis XVI.

801. — Habit en velours cuivre. Louis XVI.

802. — Habit à collet et gilet en soie, *caca dauphin*. Fin Louis XVI.

803-804. — Deux habits en velours, côtelé chaudron. Louis XVI.

805. — Habit en soie grise, orné de nœuds passementés ton sur ton. Louis XVI.

806. — Habit à collet en velours, épinglé *caca dauphin*. Fin Louis XVI.

807. — Habit en velours côtelé, *merde d'oie*. Louis XVI.

808 à 816. — **Neuf habits en soie** rayée et unie, bleue, vert céladon, groseille, gorge-pigeon, rose, noire. Louis XVI.

817. — Habit, gilet et culotte en soie grenadine. Louis XVI.

818. — Habit et culotte velours vert. Louis XV.

819. — Habit en velours noir. Louis XVI.

820. — Redingote à pèlerine en velours épinglé gris. Louis XVI.

821. — Habit en velours marron. Louis XVI.

822. — Habit, culotte et gilet en tricot de soie noire. Louis XVI.

823. — Habit en tricot de soie, *merde d'oie*, orné de nœuds passementés, ton sur ton. Louis XVI.

824. — Robe Watteau en soie rayée rose et blanche, ornée de fleu-

rettes, devant à volants bouillonnés et passementés, jupe semblable. **Louis XVI.**

825. — Robe Watteau en soie blanche rayée verte, rose et bouquets. Louis XVI.

826. — Robe à corsage en soie blanche rayée bleue, devant à volant passementé. Louis XVI.

827. — Costume de femme en déshabillé du matin, soie blanche rayée couleurs. Jupe et corsage. Louis XVI.

828. — Robe Watteau en soie blanche rayée bleue et rose à bouquets, devant à volant plissé, passementé. Louis XVI.

829. — Robe à corsage en soie changeante rayée couleurs. Louis XVI.

830. — Robe à corsage en soie rayée jaune, verte et blanche. Louis XVI.

831. — Costume de femme en tulle, blond, dentelle. Louis XVI.

831 *bis*. — Jupe en soie blanche rayée rose et bouquets. Louis XVI.

832. — Jupe en soie blanche rayée fleurs bleues et roses. Louis XVI.

833. — **Douze corsages de paysannes et soubrettes.** Louis XV et XVI.

834 à 839. — **Six mantes de femme**, blanches et à fleurs. Louis XV et XVI.

840 à 844. — **Cinq caracos de paysannes**, variés. Louis XV et XVI.

845. — Habit en satin bronze, brodé soie couleurs. Louis XVI.

846. — Habit en velours violet foncé, brodé soie couleurs. Louis XVI.

847. — Habit et gilet en satin groseille, brodés soie couleurs. Louis XVI.

848. — Habit en soie vert bronze, brodé soie couleurs. Gilet en soie maïs brodé. Louis XVI.

849. — Habit en velours chaudron, brodé soie couleurs et paillette. Gilet en satin blanc brodé soie et chenille. Louis XVI.

850. — Habit et culotte en velours épinglé lie de vin, brodés en soie de couleurs, fleurs en applications velours. Gilet en satin blanc brodé soie et paillette. Louis XVI.

851. — Habit et culotte en soie grise rayée, brodés fleurs couleurs. **Louis XVI.**

852. — Habit en velours changeant fond jaune, brodé soie couleurs. Louis XVI.

853. — Habit en soie rose rayée, brodé soie couleurs. Gilet en soie blanche rayée à fleurs. Louis XVI.

854. — Habit et culotte en soie grise côtelée à pois verts, brodés soie couleurs et paillettes. Gilet satin blanc brodé soie. Louis XVI.

855. — Habit et culotte en soie prune rayée bleue brodés soie couleurs. Gilet en satin blanc brodé d°. Louis XVI.

856. — Habit et culotte en soie bronze côtelée, brodés en soie couleurs. Gilet brodé d°. Louis XVI.

857. — **Habit et culotte en soie prune,** brodés soie bleu et blanc, argent fin, cabochons et pailletés, boutons de même. Gilet en soie blanche brodé d°. Louis XVI.

858. — **Habit et culotte en velours abricot,** brodés en or et argent fin, paillettes entièrement argent. Gilet drap d'argent fin brodé or et argent fin. Louis XVI.

859. — **Habit en drap havane,** brodé soie couleurs. Gilet en soie blanche brodé d°. Louis XVI.

860. — Habit velours violet prune, brodé en soie couleurs. Louis XVI.

861. — Habit satin rose, brodé soie couleurs. Gilet en soie bleue brodé d°. Louis XVI.

862. — Habit et gilet en satin blanc, brodé soie couleurs. Louis XVI.

863. — Habit en soie, brodé fleurettes. Louis XVI.

864. — Habit d'enfant en velours havane côtelé, brodé en soie couleurs. Culotte en velours épinglé *caca dauphin.* Louis XVI.

865. — Habit en soie verte rayée noire, bleue et blanche. Fin Louis XVI.

866. — Habit en soie prune rayée bleue et blanche. Fin Louis XVI.

867. — Habit en popeline grise, col velours. Fin Louis XVI.

868 à 870. — Trois habits en drap gris, lie de vin, bleu. Fin Louis XVI.

871 à 888. — **Dix-huit gilets** en drap, soie et velours. Louis XIV, XV et XVI.

889 à 897. — **Neuf autres en soie,** brodés. Louis XV et XVI.

898 à 900. — Trois autres en soie, brodés, à manches. Louis XV et XVI.

901. — **Bas de soie** couleurs variées à coins brodés. Louis XIV et XV.

902 à 920. — **Dix-neuf tabliers et jupes** en velours, soie, damas broché, etc. Louis XIV, XV, XVI et Révolution.

921 à 931. Onze jupes de paysannes. Mêmes époques.

932. — **Corset à manches** passementées en soie rose à fleurettes. Louis XVI.

933 à 947. — **Quinze gilets** rayés et unis. **Révolution.**

948 à 959. — **Douze autres** en soie et drap, brodés. Révolution.

960 à 962. — **Trois corsages.** Révolution.

963 à 966. — **Quatre manteaux** noirs à collet. Louis XVI et Révolution.

967 à 971. — **Cinq carmagnoles** variées. Révolution.

972 à 986. — **Seize culottes en drap** tons divers. Louis XIV, XV, XVI et Révolution.

987 à 1016. — **Trente culottes en velours,** variées. Louis XV et XVI.

1017 à 1030. — **Quatorze culottes en soie.** Mêmes époques.

1031 à 1034. — **Quatre robes de chambre.** Louis XIV, XV et XVI.

1035. — Redingote à double collet en drap havane. **Directoire.**

1036. — Redingote à triple collet en reps bleu, garnie de boutons acier. Directoire.

1037 à 1039. — Trois habits en drap bleu, gris et grenat. Directoire.

1040. — Habit de muscadin en soie bleue à fleurs blanches. Directoire.

1041. — Habit de muscadin en soie blanche rayée rose, garni de boutons acier. Directoire.

1042. — Habit en soie marron dégradée jaune. Directoire.

1043. — **Seize collants variés,** Louis XVI, Révolution et Premier Empire.

1044 à 1047. — **Quatre habits col à la Saxe,** en drap bleu, noisette, vert et lie de vin. **Consulat.**

1048. — Robe à collet, manches longues, en soie blanche, brochée. **Premier Empire.**

1049-1050. — Deux robes en soie rose à manches courtes. Premier Empire.

1051-1052. — Deux robes en satin bleu ciel à manches courtes. Premier Empire.

1053. — Robe en soie gorge pigeon, à manches longues. Premier Empire.

1054. — Robe en soie blanche. Premier Empire.

1055. — Robe en linon à pois rouge. Premier Empire.

1056. — Robe en cotonnade, imprimée fleurs. Premier Empire.

1057. — Robe en soie, rayée bronze, manches longues. Premier Empire.

1058. — Robe en linon, brodée fleurs couleurs, manches courtes. Premier Empire.

1059. — Pardessus de femme, en soie rayée violet, gris et blanc. Premier Empire.

1060. — Traîne en soie bleue, brodée en lamé or et soie blanche. Premier Empire.

1061. — Manteau de cour, velours nakara uni. Premier Empire.

1062. — Manteau de cour en velours, épinglé rose, brodé, lamé argent. Premier Empire.

1063. — Un autre en soie rose. Premier Empire.

1064 à 1077. — **Quatorze robes,** peplums, pardessus, etc., en tulle, crêpe de Chine, gaze, etc. Directoire et Empire.

1078 à 1084. — **Sept écharpes et châles,** en soie et crêpe de Chine, brodées et imprimées. Premier Empire.

1085 à 1094. — **Dix ridicules** en soie, velours, variés, fermoirs acier ou bronze. Révolution et Empire.

1095. — Lot de **gants** et mitaines. Révolution et Empire.

1096. — Lot d'effets divers.

1097 à 1102. — Six corsages de femmes, rayés et à fleurs. **1830.**

1103 à 1115. — **Treize habits en drap divers.** 1830.

1116 à 1119. — **Quatre carriks** variés. Consulat et 1830.

1125 à 1140. — **Vingt et une redingotes,** tous genres. Consulat et 1830.

1141. — **Quinze pantalons** à dispositions. **1830.**

1142. — **Vingt-trois gilets.** 1830.

1143. — **Quinze culottes** en nankin. 1830.

1144. — Costumes civils d'hommes, non catalogués.

1145. — Costumes de femmes, non catalogués.

LIVRÉES. — COSTUMES ECCLÉSIASTIQUES ÉTRANGERS ET FANTAISIE

1146 à 1155. — **Dix livrées** des XVIIe et XVIIIe siècles.

1156. — **Manteau et habit livrée** en velours de Gênes uni, abricot galonnés velours vert et argent fin, almarges. **Louis XIV.**

1157. — Pourpoint et culotte, soldat du Pape.

1158. — **Dix-sept culottes** livrées, en peluche jaune, rouge, bleue, drap, etc.

1159. — **Douze gilets** même genre.

1160. — Costume de toréador.

1161. — **Plusieurs costumes espagnols.**

1162. — **Plusieurs costumes bretons.**

1163. — Costumes divers de la Comédie italienne, **arlequins, scapins**, etc.

1164. — Plusieurs costumes de **moines**, dominicains, etc.

1165. — **Costume de cardinal**, en soie.

1166. — **Costume d'archevêque.**

1167. — Costumes ecclésiastiques étrangers et fantaisie, non catalogués.

1168. — Livrées non cataloguées.

CHAUSSURES. — COIFFURES

1169. — Paire de souliers tout en fer. Louis XIII.

1170. — Plusieurs bottes Henri III et Louis XIII en cuir et daim.

1171. — Quantité de souliers d'hommes. Moyen âge, Louis XIII, XIV, XV, XVI et Révolution.

1172. — Bottes Révolution et Empire.

1173. — Chaussures non cataloguées.

1174. — Paire de bottes. Louis XV.

1175. — **Paire de bottes de grosse cavalerie. Louis XIV.**

1176. — **Paire de bottines de dragons. Louis XV.**

1177. — **Onze paires de souliers de femmes. Louis XV et XVI.**

1178. — **Six paires de souliers de femmes. Révolution et Empire.**

1179 à 1186. — **Huit coiffures de femmes. Moyen âge.**

1187 à 1192. — **Six coiffures de femmes. Directoire.**

1193. — **Un feutre d'Incroyable.**

1194. — **Un feutre Louis XIII.**

1195. — **Un chapeau de femme. 1820.**

1196 à 1197. — Deux autres 1835.

1198. — Cinq bonnets Bretons.

1199 à 1200. — Deux coiffures landaises, or et argent fin.

1201 à 1202. — Deux coiffures japonaises.

1203. — **Tricorne de femme** en velours de Gênes rouge, brodé argent fin. **Louis XV.**

De la collection Spitzer.

1204 à 1206. — Trois béguins d'enfant, brodés soie et métal. XVIIe et XVIIIe siècles. — Coiffure de doge.

1207. — Plusieurs toques de lansquenets.

1208. — Environ deux cents coiffures de toutes les époques. Moyen âge à la Révolution.

1209. — Coiffures non cataloguées.

DRAPEAUX

1210. — *Curieux drapeau ramassé sur le champ de bataille de Granson, le 3 mars 1476, où fut vaincu Charles le Téméraire.* Provient de la collection Compagnon.

1211. — Drapeau première Révolution.

1213. — Drapeau en soie blanche, au centre écusson aux armes de France, brodé et pailleté or avec devise : Vive le roi. Restauration.

1214. — Ceinture écharpe, en soie blanche galonnée et frangée graine d'épinards argent fin. Restauration.

1215. — Cravate de drapeau en soie tricolore frange or, brodée soie et or.

1216. — Drapeau en soie, tricolore, frangé or fin, hampe surmontée d'un coq. 1848.

1217. — Fanion du 2e bataillon du 1er régiment de tirailleurs algériens, avec sa hampe surmontée du croissant sur boule en cuivre doré (vers 1868).

1218. — Bannière du 10 décembre avec inscription : *La Société du 10 décembre à l'impératrice Eugénie.*

1219. — Drapeaux non catalogués.

1220. — Lot de soierie de drapeaux démontés.

COSTUMES, COIFFURES, SABRETACHES ET ACCESSOIRES MILITAIRES

1221. — Habit de garde national, 1790.

1222. — **Habit de général de division**, entièrement brodé or ; col à la Saxe et parements rouges. **Pièce unique, 1798.**

Cet habit se trouvait encore dans l'atelier de M. Messonier au moment de sa mort. Il le destinait à figurer dans un tableau resté inachevé.

1223. — Redingote grise.

1224. — **Habit de chirurgien-major de la Garde Impériale,** brodé or fin. — **Premier Empire.**

1225 à 1227. — Trois dolmans et une pelisse d'officiers supérieurs de hussards.

1228. — Habit-veste de cuirassier. 1812.

1229. — Habit-veste de dragon. 1812.

1230. — **Habit de général de division, grande tenue, brodé or fin. Restauration.**

1231. — Habit de troupe. Compagnie départementale. Restauration.

1232. — **Habit d'un garde de la Porte. Maison du Roi. 1814-1815.** Pièce unique.

1233. — Lots de costumes militaires de toutes époques.

1234. — Costumes militaires non catalogués.

1235. — Costume complet de sapeur. Second Empire.

1236. — Casque en fer, à visière mobile. XVIe siècle.

1237. — **Schako Mirliton** d'un **officier des hussards de la Mort. 1793.**

Sur la partie blanche du rouleau se trouve brodée une tête de mort. Sur la partie noire de la flamme est brodée la devise « Vaincre ou mourir ». Plumet noir. Broderies et galon argent fin.

1238. — Feutre d'un commissaire au Directoire exécutif. 1795.
Sera vendu avec l'insigne n° 1271 et le cachet n° 1480.

1239. — Chapeau de troupe. 1798.

1240. — Shako d'un officier de chasseurs, 2e régiment, mod. 1808.

1241. — Shako de troupe, mod. 1808.

1242. — Shako du train, mod. 1812.

1243. — Shako d'un officier d'infanterie, 62e régiment, mod. 1812.

1244. — Shako de soldat d'infanterie, 30e régiment, mod. 1812.

1245. — Shako d'un officier supérieur d'infanterie légère, mod. 1812.

1246. — **Schapska d'officier de lanciers de la Garde impériale. Premier Empire.**

1247. — **Chapeau de maréchal de France. Premier Empire.**

1248. — **Chapeau ayant appartenu à Napoléon Ier.**
La cocarde est en soie, le bleu extérieur, rouge, blanc au centre.

1249 à 1252. — Quatre shakos de troupe, mod. 1808 et 1812.

1253. — **Bonnet de police d'officier général. 1814.**

1254. — Shako de garde d'honneur, 1er régiment. Premier Empire.

1254 et 1255. — Deux bonnets de police. Premier Empire.

1256. — Plusieurs feutres d'officiers. Premier Empire.

1257. — **Schapska d'officier des lanciers de la Garde Royale. 1824-1830.**

1258. — Quantité de coiffures militaires, époques diverses.

1259. — Colback.

1260. — Plusieurs bonnets à poil.

1261. — Coiffures militaires non cataloguées.

1262. — Sabretache brodée laine, aigle sur fond rouge, nº 4. Premier Empire.

1263. — **Sabretache de chasseurs de la Garde.** Premier Empire.

1264. — **Sabretache d'officier de la Garde Royale,** petite tenue, 1816.

1265. — **Sabretache de hussard de la Garde royale,** 1822.

1266. — Sabretache de hussard, 1848.

1267. — Giberne du régiment de Gruyère. 1743 datée.

1268. — Giberne d'officier d'infanterie, cuir chamoisé, brodée soie et argent. Louis XV.

1269. — **Giberne dite des Cent-Jours.** Premier Empire.
Sera vendue avec la plaque de shako nº 1467.

1270. — Sabretaches non cataloguées.

1271. — Ruban et médaille de commissaire du Directoireexécutif. Révolution.

Sera vendu avec le feutre nº 1238 et le cachet nº 1480.

1272 à 1274. — Trois ceinturons d'officiers supérieurs. Révolution et Premier Empire.

1275. — Ceinture filets d'officier de hussards. Premier Empire.

1276. — Aiguillettes argent fin. Premier Empire.

1277. — Quantité de ceintures variées.

1278 à 1285. — Huit dragonnes d'officiers supérieurs et autres. Premier Empire.

1287. — **Dragonne ayant appartenu à Carnot.**

1288 à 1307. — **Vingt paires d'épaulettes d'officiers** et officiers généraux. Louis XV au Premier Empire.

1308. — Dragonnes non cataloguées.

1309. — Banderole porte-mousqueton, drap bleu galonné velours de Gênes, avec armoirie. Louis XV.

1310. — Lot de buffleteries.

1311. — Tablier de sapeur. Premier Empire.

1312. — Accessoires militaires non catalogués.

1313. — Quantité de plumets et pompons de différentes époques.

1314. — Diverses pièces d'équipement et d'harnachement.

ARMES — CUIRASSES

1315. — Épée à quillons recourbés, pommeau rond. Moyen âge.

1316. — Arbalète avec son cranequin, XVIe siècle.

1317. — Rapière suisse, damasquinée argent, XVIe siècle.

1318. — **Très belle rapière italienne** coquille complètement ajourée, **XVIe siècle.**

1319. — Rapière trouvée dans l'eau, XVIe siècle.

1320. — Rapières non cataloguées.

1321. — Fusil à rouet, incrustations d'ivoire, chasse. XVIIe siècle.

1322. — Rapière allemande, avec dédicace sur la lame, XVIIe siècle.

1323. — **Très belle rapière allemande,** quillons et pommeau gravés représentant des personnages, chevaliers, XVIIe siècle.

Collection de M. de B...

1324. — Épée, garde cuivre, lame blasonnée datée 1632.

1325. — Quatre hallebardes, Louis XIV.

1326. — Plusieurs autres.

1327. — Fusil de chasse à deux coups, batterie à silex, XVIIIe siècle.

1328 à 1331. — Quatre épées de cour, XVIIIe siècle.

1322. — Lot d'épées variées.

1333 — Paire de pistolets, platine à silex, canons à pans courts et gravés, calotte en tête de léopard, garnitures en cuivre, contre-platines gravées.

1334. — Paire de pistolets, platine à silex, canons à petits pans, ciselures sur les contre-platines, calotte en cuivre; signés : F. Bon, à Lons-le-Saunier.

1335. — Pistolets non catalogués.

1336. — Fusil à aiguille. Garde prussienne.

1337 à 1339. — Trois sabres allemands : artilleur, dragon, hussard.

1340. — Mousqueton, hussard russe, 1814.

1341. — Un autre, allemand, 1870.

1342. — Un autre, anglais, 1814.

1343. — Plusieurs fusils.

1344. — Lot de poignards.

1345. — Très belle claymore.

1346. — Épée wallone, marque à la levrette.

1347. — Épée wallone, coquille ajourée.

1348. — Épée wallone, avec dédicace moitié effacée sur la lame.

1349. — Couteau de chasse avec fourreau, garnitures fer gravé.

1350. — Couteau de chasse, fusée ivoire, garde bronze doré.

1351. — Criss malais.

1352. — Fusil arabe, canon entièrement damasquiné.

1353. — Revolver dans sa gaine, extracteur automatique.

1354. — **Jolie paire de pistolets** d'arçon, à percussion, canon bleuté, belle monture et batterie très soignée.

1355. — Paire de pistolets, batterie silex.

1356. — Armes non cataloguées.

1357 à 1360. — Quatre devants de cuirasses, XVII et XVIIIe siècles.

1361. — Paire de cuirasses de carabiniers, Second Empire.

1362. — Paire de cuirasses anciennes, de pionniers.

1363. — Devant de cuirasse entièrement gravé.

1364. — Cuirasses non cataloguées.

1365. — Sabre d'officier de cavalerie légère, garde et fourreau dorés et gravés, Louis XVI.

1366. — Sabre de dragon, fourreau cuir, garniture cuivre; sur la lame est écrit : *Dragons de France. Vive le Roy.* Louis XVI.

1367. — Un autre.

1368 à 1369. — Deux sabres, garde cuivre, à branches ajourées mobiles, Louis XVI.

1370 à 1374. — Cinq sabres : Hussard, Cavalerie, Dragon, Officier colonial. Révolution.

1375 à 1377. — Trois fusils et mousqueton. Révolution.

1378. — Sabre garde cuivre rouge, pommeau formant bonnet phrygien, sur la lame est écrit : vivre libre ou mourir. Révolution.

1379. — Glaive briquet de vainqueur de la Bastille.

1380. — Sabre d'officier. Garde dorée, médaillon renfermant un bonnet phrygien avec devise : vivre libre ou mourir; pommeau casque antique ciselé. Révolution.

1381 à 1382. — Deux sabres de cavalerie légère, fourreau tout fer, an XIII.

1383. — Sabre dragon an XIII.

1384 à 1386. — Trois sabres cavalerie légère, fourreau tout cuivre.

1387 à 1389. Trois sabres fourreau fer, bagues cuivre, an XIII.

1390. — **Cimeterre argent,** fourreau richement gravé. Officier général. Campagne d'Égypte.

1391 à 1395. — Cinq sabres : Chasseur à cheval, Cuirassier, Dragon, Cavalerie légère, Husssard, Premier Empire.

1396. — Sabre briquet pommeau tête d'aigle, fusée à médaillon, trophée, attributs militaires ajourés sur fond rouge. Premier Empire.

1397 à 1399. — Trois sabres de Dragons. Révolution et Empire.

1400. — Sabre de grosse cavalerie, 1810.

1401 à 1402. — Deux sabres briquets tête d'aigle.

1403. — Sabre briquet de sous-officier des grenadiers de la garde. Premier Empire.

1404. — Lot de sabres Révolution et Premier Empire.

405 à 1416. — Douze sabres Révolution et Premier Empire.

1417. — **Fusil d'honneur** garnitures en argent, accordé au citoyen Eliot, grenadier à la 18e demi-brigade de ligne, avec lettre diplôme d'envoi signée par le général Dumas, au Kaire, an VII.

1418 à 1420. — Trois sabres : Hussard, Cavalerie légère, Cuirassiers, Restauration.

1421. — Sabre de Garde du corps de Monsieur, Restauration.

1422. — Sabre fourreau fer, garde cuivre fleur de lys gravée sur le pommeau (1817-1820).

1423. — Fusil, modèle 1831.

1424 à 1426. — Trois mousquetons, 1835.

1427. — Plusieurs fusils différents modèles.

1428. — Fusil à tabatière.

1429 à 1434. — Six sabres : Officier de chasseurs à pied. Dragon, Officier supérieur de la ligne, Cavalerie légère, Hussard, Chasseur d'Afrique. Second Empire.

1435. — Mousqueton 1866.

1436. — Fusil Chassepot.

1437. — Un autre.

1438. — Fusil Gras.

1439. — Sous ce numéro les armes d'ordonnance non cataloguées.

PLAQUES — CUIVRERIE — CACHETS — MÉDAILLES

1440. — **Collection** de :

Plaque de bonnet à poil et de giberne Louis XVI.
Plaque de bonnet à poil d'officier des Gardes-françaises.
Plaque de bonnet a poil. (Fin Louis XVI). Versailles.
Deux plaques de bonnet à poil. Révolution.
Plaque de bonnet à poil. Garde nationale parisienne.
Plaque de bonnet à poil. Compagnie départementale.
Plaque de bonnet à poil. Révolution. 45e demi-brigade.
Plaque de bonnet à poil et de giberne des grenadiers de la Garde, en cuivre rouge. Premier Empire.
Une autre en cuivre jaune.

Plaque de bonnet à poil et de giberne des Cent-Suisses, Restauration.

Plaque de bonnet à poil d'officier du corps royal des grenadiers de France. Restauration.

Quatre plaques de giberne. Révolution, allant avec les précédentes.

1441. — Plaque de baudrier. Louis XVI.

1442. — Plaque de casque de dragon. Louis XVI.

1443. — Plaque de baudrier. Louis XVI.

4444. — Plaque de giberne d'officier des dragons de l'Impératrice. Premier Empire.

1445. — Plaque de shako, officier de chasseurs, nº 2 (1808).

1446. — Plaque de shako losange, officier du 7e régiment de chasseurs. Premier Empire, mod. 1808.

La tête de l'aigle est tournée à droite.

1447. — Plaque de giberne des gardes de la Prévôté. Restauration.

1448. — Plaque de patelette de giberne des élèves de Saint-Cyr. Restauration (1816-1824).

1449. — Plaque de shako, officier, nº 8 (1812).

1450. — Aigle de giberne, officier. Premier Empire.

1451. — Aigle de banderole de giberne, officier. Premier Empire.

1452 à 1453. — Deux aigles de sabretache de hussards, petite tenue. Premier Empire.

1454 à 1459. — Six aigles de giberne. Premier Empire.

1460. — Plaque de ceinturon, officier général. Premier Empire.

1461. — Plaque de ceinturon, officier des douanes. Premier Empire.

1462 à 1465. — Quatre plaques de timbales. Service d'Eug. de Beauharnais. Premier Empire.

1466. — Médaille de colporteur de la Communauté des Libraires à Paris. 1769.

1467. — Plaque de shako dite des Cent-Jours. Premier Empire.

Sera vendue avec le nº 1269.

1468. — Quantité de plaques de coiffures et autres.

1469. — Curieux fronton d'horloge en cuivre. Révolution.

1470. — Plaque de baudrier de tambour-major.

1471 à 1472. — Deux petits coqs en cuivre.

1473. — Cuivrerie diverse.

1474. — Plaques non cataloguées.

1475. — Plaque de giberne, garde municipale 1830.

1476. — Cachet : *Adm. munic. du cant. rural de Dijon.* Révolution.

1477. — Cachet : *République française. Département de la Côte d'or.* Révolution.

1478. — Cachet : *Ville de Dijon.* Premier Empire.

1479. — Cachet : *Gendarmes d'ordonnance. Garde impériale.* Premier Empire.

1480. — Cachet : *Commissaire du Directoire exécutif. Camton de Clichy.* Révolution.

Sera vendu avec l'insigne n° 1271 et le chapeau n° 1238.

1481. — Quatorze médailles. Révolution.

1482. — Cachet encadré, opale. Révolution.

1483. — Cachets non catalogués.

PENDULES — LUSTRES — APPLIQUES

1484. — Paire d'appliques en bois doré. Premier Empire.

1485. — Lustre bronze doré, 10 lumières. Premier Empire.

1486. — Paire d'appliques en bronze, 3 lumières. Premier Empire.

1487. — **Terpsichore.** — Jolie garniture de cheminée en bronze, pendule et 2 candélabres, 7 lumières, Hauteur 0^{m},90. Premier Empire.

1488. — Lustre en bronze, même travail, 20 lumières. Premier Empire.

1489. — Lustres non catalogués.

1490. — Paire d'appliques, 4 lumières, même travail. Premier Empire.

1491. — **Belle pendule** en bronze doré et ciselé, représentant un grenadier l'arme au pied auprès d'un canon monté sur son affût, agrémenté de ses accessoires, écouvillon, caisson, boulets, etc. Le drapeau français planté en terre flotte sur le tout. Socle en marbre blanc orné d'attributs impériaux, en bronze doré et ciselé. Premier Empire. Largeur 0^{m},[illegible], hauteur 0^{m},60.

1492. — Pendule en marbre veiné, à colonnes, cadran drapé bronze doré et ciselé, renommées bronze doré dans les angles. Premier Empire. Haut 0m,52.

1493. — Pendules non cataloguées.

1494. — Pendule borne en marbre blanc. Centaure jouant de la flûte ayant en croupe un génie, ornements en bronze doré et ciselé. Largeur 0m,15, hauteur 0m,28. Premier Empire.

1495 à 1496. — Deux pendules en bronze doré.

1497. — **Jolie pendule en marqueterie de Boule**, ornée de bronze doré, surmontée d'une renommée ; cadran et attributs dorés, signé : Coupson, à Paris. XVIIe siècle. Hauteur 0m,80.

1498. — Horloge franc-comtoise et un coffre.

1499. — Petite pendule en marbre blanc, ornements en bronze doré et ciselé. Largeur 0m,22, hauteur 0m,37. Louis XVI.

1500 à 1504. — Cinq pendules variées, différentes époques.

1505. — Lanterne globe, garniture en bronze doré. Louis XV.

1506. — Paire de candélabres en bronze doré, 4 lumières. Louis XVI.

1507. — Appliques non cataloguées.

BRONZES — OBJETS D'ART

1508. — Marie-Magdeleine au pied de la croix, bas-relief bronze.

1509. — Le comte de Chambord, statuette équestre, bronze, signé : Mac Henry Walson.

1510. — **Énée portant Anchise, suivi d'Ascagne.** — Groupe bronze, signé : Lepautre. Hauteur 0m,95, largeur 0m,65.

...Anchise, prince troyen, fut aimé de Vénus et en eut Énée. Lors de l'embrasement de Troie, il échappa à la mort grâce à la piété filiale d'Énée qui l'emporta sur ses épaules jusqu'aux vaisseaux.

.....Ascagne, Iule, fils d'Énée et de Créuse lui succéda comme roi de Lavinium, vers l'an 1175 avant J.-C. Il fonda la ville d'Albe-la-Longue, en 1152, combattit avec succès les Étrusques et mourut treize ans après.

1511. — **L'éducation au moyen âge.** — Groupe bronze, signé : De Bry.

1512. — Plat ancien en cuivre repoussé et ajouré.

1513. — Amour jouant de la contrebasse, bronze.

1514. — Médaillon plâtre, or sur fond bleu : *Diane sous les traits de Phœbé visitant Endymion endormi.*

1515. — Buste en bronze doré finement ciselé : portrait d'une inconnue.

1516. — Objets d'art non catalogués.

1517. — Les duellistes, statuettes, bronze, enfants costumés en soldats du Premier Empire.

1518. — Garde Française Louis XV, statuette en bronze.

1519. — Dragon Louis XV, statuette bronze.

1520. — Deux statuettes bronze, Gardes Françaises Louis XVI.

1521. — Paire de chandeliers en bronze doré. Premier Empire.

1522. — **Napoléon Ier. Le corps de Napoléon Ier mort,** drapé, est étendu sur un rocher au pied duquel veille un aigle. Bronze remarquable, Rude signé et daté.

1523. — **Portrait en pied** de M. X..., officier de cuirassiers de la Garde royale, 1825. **Statuette en terre cuite.**

1523-1531. — Huit statuettes militaires différents genres.

1532. — Napoléon Ier, statuette bronze, haut. 35 centimètres.

1533. — Deux paires de chandeliers et un seul, en cuivre, Louis XVI et Premier Empire.

1534. — **Quatre ravissantes statuettes** en porcelaine décorée, représentant un **volontaire** (1792), un **hussard** (1794), un **dragon** (1807) et un **grenadier** de la garde impériale (1805) haut. 30 cent.

MEUBLES

1535. — **Bas de coffre** en chêne finement sculpté. Inscription datée de 1622.

1536. — Armoire bibliothèque en acajou orné de bronzes dorés et ciselés, portes glace. Premier Empire.

1537. — Petit meuble à six tiroirs, acajou. Premier Empire.

1538. — **Vitrine** en acajou à deux corps, portes glace dessous portes pleines, garnie bronzes dorés et ciselés. Premier Empire.

1539. — Deux fauteuils laqués blanc, recouverts en soie bleue brochée à fleurs. XVIIIe siècle.

1540. — Deux fauteuils en acajou à dos rond, siège mobile. Premier Empire.

1541. — Petite table bureau en marqueterie. XVIIIe siècle.

1542. — **Vitrine** en acajou, portes glace, ornée de bronzes dorés et ciselés, dessus marbre. Premier Empire.

1543. — **Lit** en acajou orné de bronzes dorés. Premier Empire.

1544. — **Bureau de dame,** en acajou, garni de bronzes dorés et ciselés, casier à glace. Premier Empire.

1545. — Bureau à glace en acajou, orné de bronzes dorés et ciselés, pieds à colonnes, intérieur également à colonnettes. Premier Empire.

1546. — Bureau en acajou, orné de bronzes dorés et ciselés, intérieur et extérieur à glaces. Premier Empire.

1547. — **Petite commode** en marqueterie, cuivre doré et ciselé, dessus marbre. Louis XV.

1548. — Table à ouvrage ovale, en acajou, ornée cuivre. Premier Empire.

1549. — Une autre canée. Premier Empire.

1550. — Chiffonnier en acajou, garni bronze. Premier Empire.

1551. — **Petit buffet à lingerie,** en marqueterie et cuivres dorés, dessus marbre. Louis XVI.

1552. — **Secrétaire-bureau,** en acajou, dessus marbre à galerie, baguettes et filets cuivre doré. Louis XVI.

1553. — **Chiffonnier** en acajou, dessus marbre à galerie, bronze doré, filets cuivre, trois tiroirs. Louis XVI.

1554. — Guéridon acajou. Premier Empire.

1555. — Table jardinière, en marqueterie et cuivre doré.

1556. — **Beau lit de repos, laqué blanc, bois sculpté. Louis XV**, bonne conservation.

1557. — **Fauteuil à coiffer**, bois sculpté, *Louis XV*, même état de conservation.

1558. — **Guéridon**, en acajou, dessus et tablette marbre blanc, pieds sculptés, ornés de mascarons, cuivre doré et ciselé. Premier Empire.

1559. — Fauteuil couvert damas. XVIIIe siècle.

1560. — Un fauteuil, bois noir sculpté. XVIIIe siècle.

1561. — Un autre, bois jaune sculpté. XVIIIe siècle.

1562. — Deux fauteuils, laqué blanc, bois sculpté. XVIIIe siècle.

1563. — Bergère, laqué blanc. Louis XVI.

1564. — Deux porte-hallebardes, en chêne.

1565. — Deux tabourets, laqués blanc et or. Louis XVI.

1566. — Secrétaire acajou. Premier Empire.

1567. — Rouet.

1568-1569. — Deux glaces. XVIIIe siècle.

1570. — Meubles non catalogués.

1571. — Sous ce numéro seront vendus les objets omis au catalogue.

PARIS. — IMPRIMERIE CHAIX. — 4276-2-96. — (Encre Lorilleux).

www.ingramcontent.com/pod-product-compliance
Ingram Content Group UK Ltd.
Pitfield, Milton Keynes, MK11 3LW, UK
UKHW021522260726
13993UKWH00004B/1823